Inhalt

Marktbewertung von Schulden - Vorgehen und Probleme

Kernthesen

Beitrag

Fallbeispiele

Weiterführende Literatur

Impressum

Marktbewertung von Schulden - Vorgehen und Probleme

Annett Kaindl

Kernthesen

- Der 2011 verabschiedete Rechnungslegungsstandard IFRS 13 regelt, wie der Fair Value für eine Schuld zu ermitteln ist.
- Der Standard schreibt ein abgestuftes Bewertungsvorgehen vor.
- Das neue Bewertungskonzept weist einige Schwächen auf.

Beitrag

Veröffentlichung eines neuen Bilanzierungsstandards zur Marktbewertung

Mit dem im Mai 2011 veröffentlichten internationalen Rechnungslegungsstandard IFRS 13 "Fair Value Measurement" wurde die Fair-Value-Bewertung von Vermögenswerten und Schulden in einem Standard zusammengefasst und im Wesentlichen einheitlich geregelt. IFRS 13 führt dazu, dass Marktwerte einheitlicher ermittelt und ausführlicher erläutert werden, ohne dass der Umfang der Fair-Value-Bewertung geändert wurde. Die folgenden Ausführungen befassen sich mit den Schulden. Zuerst wird der Frage nachgegangen, wann für diese ein Fair Value zu ermitteln ist. Danach folgt ein Überblick über die im Standard festgelegte Bewertungssystematik. Anschließend werden ausgewählte Schwachstellen des neuen Konzepts dargestellt. (1), (3)

Wann ist für eine Schuld ein Fair Value zu ermitteln?

Da IFRS 13 nur Bewertungsfragen beantwortet, nicht aber die Anwendung des Fair Value vorschreibt oder untersagt, ist zunächst zu klären, auf welche Sachverhalte beziehungsweise Rechnungslegungsstandards IFRS 13 anzuwenden ist. (1)

IFRS 13 schreibt grundsätzlich vor, den Standard heranzuziehen, wenn andere Standards eine Bewertung mit dem Fair Value erlauben beziehungsweise fordern oder entsprechende Angaben zu machen sind. Die Standards IAS 17 und IFRS 2 wurden explizit aus dem Anwendungsbereich des IFRS 13 ausgeschlossen. Deren abweichende Fair-Value-Definition bleibt bestehen. IAS 17 befasst sich mit der Bilanzierung von Leasingverhältnissen; IFRS 2 regelt die Bilanzierung anteilsbasierter Vergütungen. (1), (3)

Schaut man sich die einzelnen Standards an und sucht jene heraus, die auf IFRS 13 verweisen, ist hinsichtlich der Passivseite festzuhalten, dass weder IAS 37 (Rückstellungen, Eventualverbindlichkeiten und Eventualforderungen) noch IAS 19 (Leistungen an Arbeitnehmer), auch nicht IAS 12 (Ertragsteuern) oder IFRS 5 (Aufgabe von Geschäftsbereichen) eine Fair-Value-Bewertung von Schulden vorsehen. Daher ergeben sich als relevante Standards nur IAS 39 beziehungsweise IFRS 9. IAS 39 regelt derzeit die Bilanzierung von Finanzinstrumenten. Geplant ist, diesen Standard mit Wirkung zum 01.01.2015 durch IFRS 9 zu ersetzen.

IAS 39 beziehungsweise IFRS 9 sehen für die Erstbewertung einer finanziellen Schuld grundsätzlich den Ansatz des Fair Value vor, gegebenenfalls jedoch nach Korrektur um angefallene Transaktionskosten.

Für die Folgebewertung gilt, von Sonderfällen abgesehen, Folgendes:

- Bewertung zu fortgeführten Anschaffungskosten im Regelfall
- erfolgswirksame Bewertung zum Fair Value bei zu Handelszwecken gehaltenen Schulden

Als weiterer relevanter Standard ist IFRS 3 zu nennen, der eine Fair-Value-Bewertung zur Abbildung eines Unternehmenszusammenschlusses im konsolidierten Abschluss verlangt. (1)

Ermittlung des Fair Value für eine Schuld

Es kommt das nachfolgend vorgestellte abgestufte Bewertungsvorgehen zur Anwendung:

Für die Bewertung einer Schuld wird ihre (fiktive) Übertragung auf einen Dritten zum Bilanzstichtag unterstellt. Der Fair Value entspricht dem Preis, der zu zahlen ist, um die Schuld in einer gewöhnlichen Transaktion an einen Marktteilnehmer zu übertragen.

Ferner sind die spezifischen Eigenschaften der Schuld, wenn diese die Preisfindung durch einen Marktteilnehmer beeinflussen, zu berücksichtigen. Die Bewertung finanzieller und nicht-finanzieller Schulden sowie eigener Eigenkapitalinstrumente wird methodisch gleichgestellt. Für alle gilt, dass von einer Übertragung auszugehen ist. (1), (3)

Ist der Preis einer identischen oder ähnlichen Schuld nicht ermittelbar, ist zum Zwecke der Bewertung die Perspektive eines Marktteilnehmers einzunehmen, der Ansprüche aus der zu bewertenden Schuld ableitet, also die identische Position als Vermögenswert hält. Heranzuziehen ist dann der Preis eines identischen oder ähnlichen Vermögenswerts an einem aktiven Markt. Ist ein solcher Preis nicht verfügbar, ist der Wert, der sich unter möglichst umfassender Zugrundelegung von beobachtbaren Marktdaten mithilfe von marktpreis- oder kapitalwertorientierten Verfahren errechnet, zu verwenden. Der so ermittelte Wert des Vermögensgegenstandes ist ohne Anpassung als Marktwert der Schuld zu betrachten, es sei denn, der Vermögenswert besitzt spezifische Eigenschaften, die der Schuld nicht zuzuordnen sind.

Existiert kein korrespondierender Vermögenswert, ist die Schuld aus der Sicht eines Marktteilnehmers zu bewerten, der die Schuld übernimmt. Entweder ist dabei auf zukünftige Mittelabflüsse abzustellen, mit denen dieser rechnen würde, zuzüglich einer an den Übernehmenden zu zahlenden Kompensation für die Übernahme der Schuld, oder auf den Betrag, der im Rahmen einer Emission eines Schuldinstruments mit übereinstimmenden vertraglichen Bedingungen am Markt zu erzielen wäre. (1)

IFRS 13 sieht unabhängig von der schließlich zur Anwendung gekommenen Bewertungsmethode eine Einbeziehung des sogenannten "Nicht-Erfüllungsrisikos" vor. Dabei handelt es sich um das Ausfallrisiko des bewertenden Unternehmens und alle weiteren Faktoren, die die Wahrscheinlichkeit der "Nicht-Erfüllung" beeinflussen. (1), (3)

Ausgewählte Schwachpunkte des neuen Konzepts

Prämisse der Schuldübertragung:

Ging die bisherige Definition des Fair Value von einer Erfüllung der Schuld aus, so betont der Standardsetter in IFRS 13 nun explizit, dass der übernehmende Marktteilnehmer in das weiterhin bestehende Schuldverhältnis eintritt. Nicht überzeugen kann die Tatsache, dass Übertragungsrestriktionen bei der Bewertung nicht berücksichtigt werden. Im Gegensatz zu Vermögenswerten ist bei Schulden eine Übertragung oft nicht nur nicht vorgesehen, sondern weder faktisch noch rechtlich möglich. Deshalb äußern viele Experten in der Fachliteratur die Sorge, dass die vorgegebene Fair-Value-Bewertung in vielen Fällen zu Wertansätzen führen könnte, die nicht entscheidungsnützlich sind. (1)

Berücksichtigung des Nicht-Erfüllungsrisikos:

Die Berücksichtigung des (eigenen) Kreditrisikos im Zuge der Schuldenbewertung hat in der Fachwelt zu großen Bedenken geführt und harsche Kritik hervorgerufen, weil diese Regelung zu einer Bilanzierung führen kann, die an der Realität vorbeigeht. (1)

Folgendes Beispiel soll dies verdeutlichen: Ein Unternehmen hat eine Anleihe von 100 Mio. EUR begeben. Weil die Investoren an der Kreditwürdigkeit des Unternehmens zweifeln, sinkt der Marktwert dieser Anleihe auf 70 Mio. EUR. Das Unternehmen weist zum Bilanzstichtag seine Schulden zum Fair Value aus. Es entsteht auf diese Weise ein unrealisierter Gewinn von 30 Mio. EUR.

Zu einem späteren Zeitpunkt schätzen die Investoren die Kreditwürdigkeit des Unternehmens wieder besser ein. Dies hat zur Folge, dass der Marktwert der Schulden steigt, und der unrealisierte Gewinn schrumpft. Steigt der Marktwert der Anleihe auf 80 Mio. EUR, reduziert sich der unrealisierte Gewinn zum nächsten Bilanzstichtag um 10 Mio. EUR. (2)

Wie das Beispiel zeigt, ergibt sich aus der Fair-Value-Bewertung der Schuld ein unrealisierter Gewinn, obwohl sich die Situation des Unternehmens deutlich verschlechtert hat. Die in der Bilanz ausgewiesene Schuld bildet nicht den tatsächlich schlechteren Zustand des Unternehmens ab. Dies kann zur Folge haben, dass der Leser einer Bilanz mit nach Fair Value bewerteten Verbindlichkeiten zu falschen Werturteilen gelangt. (1)

Das haben auch die Standardsetzer erkannt und reagiert: Künftig dürfen bei der Fair-Value-Bewertung von Verbindlichkeiten entstehende Gewinne und Verluste, die auf die Bonitätsänderung zurückzuführen sind, nur noch im Eigenkapital, also als unrealisierte Gewinne und Verluste, ausgewiesen werden. (2)

Resümee: Die Beispiele machen die Schwächen der Ermittlungskonzeption deutlich, die insbesondere aufgrund der weitaus seltener vorhandenen Marktpreise für Schulden sowie der vermehrten Notwendigkeit realitätsferner Annahmen noch eklatanter zutage treten als bei der Fair-Value-Ermittlung von Vermögenswerten.

Wenn der Marktwert einer Schuld, wie im Standard vorgeschrieben, ermittelt wird, hat das negative Auswirkungen auf die Entscheidungsnützlichkeit des bilanzierten Marktwertes. (1)

Trends

Die Tatsache, dass die Fair-Value-Bewertung von Schulden unter Einbeziehung des eigenen Kreditrisikos den Zweck der Bilanzierung mitunter auf den Kopf stellt, birgt hinsichtlich der internationalen Rechnungslegung die Gefahr, dass deren Adressaten das Vertrauen in die Bewertung nach dem Fair Value verlieren. (1)

Fallbeispiele

Naturgemäß ist die Bedeutung von Finanzinstrumenten und damit auch von zum Marktwert bewerteten Verbindlichkeiten für Finanzinstitute sehr groß - so beträgt der Wert dieser Kategorie im Konzernabschluss der Deutsche Bank AG zum 31.12.2011 rund 1 028 Mrd. EUR, mithin knapp 48 Prozent der Bilanzsumme. Die auf die Veränderung des eigenen Kreditrisikos zurückzuführenden Gewinne, bei den mit dem Fair Value bewerteten Schulden, betragen 141 Mio. EUR; das heißt, sie fallen eher gering aus. Ein Blick in die Abschlüsse von im DAX geführten Industrie- und Handelsunternehmen zeigt, dass auch dort Derivate, insbesondere zur Absicherung gegen Zins-, Währungs- und Marktpreis- beziehungsweise Rohstoffrisiken, einen hohen Stellenwert besitzen. (1)

Weiterführende Literatur

(1) Die Fair Value-Bewertung von Schulden nach IFRS 13 Anwendungsbereich, Konzeption und Probleme einer mitunter paradoxen Bewertung
aus Kapitalmarktorientierte Rechnungslegung, Heft 6 vom 1.6.2012, Seite 275 -

(2) Mit den eigenen Schulden Geld verdienen
aus Neue Zürcher Zeitung 09.08.2012, Nr. 183, S. 60

(3) IFRS 13 "Fair Value Measurement" - Was sich (nicht) ändert
aus Kapitalmarktorientierte Rechnungslegung, Heft 6 vom 1.6.2011, Seite 286 -

Impressum

Marktbewertung von Schulden - Vorgehen und Probleme

Bibliografische Information der deutschen Nationalbibliothek

Die Deutsche Nationalbibliothek verzeichnet diese Publikation in der deutschen Nationalbibliografie; detaillierte bibliografische Daten sind im Internet über http://dnb.d-nb.de abrufbar.

ISBN: 978-3-7379-1416-1

© 2015 GBI-Genios Deutsche Wirtschaftsdatenbank GmbH, Freischützstraße 96, 81927 München, www.genios.de

Alle Rechte vorbehalten. Dieses Werk ist einschließlich aller seiner Teile – z.B. Texte, Tabellen und Grafiken - urheberrechtlich geschützt. Jede Verwertung außerhalb der Grenzen des Urheberrechtsgesetzes bedarf der vorherigen Zustimmung des Verlags. Dies gilt insbesondere auch für auszugsweise Nachdrucke, fotomechanische Vervielfältigungen (Fotokopie/Mikroskopie), Übersetzungen, Auswertungen durch Datenbanken oder ähnliche Einrichtungen und die Einspeicherung und Verarbeitung in elektronischen Systemen.